...s Nelson
...asil®

ELLEN PESTILI

O Príncipe contador de Histórias

Dedico este livro à minha mãe, a primeira pessoa a me contar as histórias de Jesus durante a minha infância, e aos meus irmãos, que sempre foram porto seguro para mim.

O Príncipe

Era uma vez um príncipe, não um príncipe como os dos contos de fadas. Ele não usava roupas de luxo, nem capa, nem espada. Mas era um príncipe verdadeiro. Daqueles que, quando chegam, enchem o lugar de alegria e amor. Daqueles que, quando o mundo parece difícil, acendem uma luz bem clara e brilhante, iluminando tudo ao redor e aquecendo o coração de quem está por perto.

As roupas desse príncipe não eram cheias de brilhos, não possuia medalhas penduradas e nem mangas bufantes. Eram simples, de tecidos comuns que o aqueciam no frio da noite e o protegiam do sol escaldante das terras onde vivia. Tampouco seus sapatos eram botas lustradas de um couro de alta qualidade. Na verdade, eram sandálias simples, vendidas por mercadores humildes. E mesmo sem as vestes ou os sapatos que as pessoas esperavam, esse era o príncipe enviado.

Ele não tinha cavalo branco, não tinha camelo, nem elefante, muito menos carruagem. Andava com os próprios pés, sempre com coragem. Às vezes andava no lombo de um jumento, bem pequenino...

Ele tinha um amor enorme por todas as pessoas que o cercavam. Seu amor era tão grande que alcançava as mais longínquas terras. Não havia um ser sequer pelo qual não tivesse afeto.

Era um príncipe que falava as mais belas palavras já ouvidas. De sua boca, saíam os mais importantes ensinamentos, cheios de sabedoria. Soavam como canções aos ouvidos. Reis de reinos distantes vinham com caravanas para escutar o que ele tinha para falar.

Dos mais ricos aos mais pobres, todos ofereciam tudo que tinham de melhor para receber o príncipe. Tudo para escutar sua voz. Mulheres de todas as idades aproximavam-se dele, pois ele as ouvia com cuidado e delicadeza. Crianças podiam sentar-se em seu colo, aconchegante e protetor.

Mas, para que toda gente, do mais simples lavrador até o mais ilustre rei, pudesse compreender o que ele queria ensinar, ele inventava histórias para ajudar a ilustrar os seus ensinamentos.

Quando as pessoas se reuniam à sua volta para escutar as histórias, todos ficavam em silêncio. Ouvia-se somente a voz doce e gentil daquele príncipe. Qualquer pessoa que quisesse fazer parte daquela roda de histórias podia participar. Nem de convite precisava. E ninguém queria ir embora quando a história acabava.

Certo dia, até num barco ele entrou, para que as pessoas reunidas na praia pudessem escutá-lo sem dificuldade.

Em suas histórias podia haver animais, sementes, homens de vários reinos, moedas douradas, viúvas, mocinhos, gente maltrapilha ou elegante. O importante era a mensagem que elas ensinavam.

Bem, não vamos mais perder tempo: que tal ler algumas dessas histórias nas próximas páginas? E depois, talvez, você possa conhecer melhor o tal príncipe, tão falado. Seu nome, é Jesus, e espero que por você ele seja amado.

A OVELHA PERDIDA

Certo dia, o pastor acordou animado para trabalhar. Ele gostava demais de pastorear: cercar as ovelhas, levá-las para comer as folhas verdinhas dos pastos, matar a sede no riacho e colocá-las seguras no aprisco ao cair da tarde, para que nenhum mal pudesse alcançá-las.

Ele calçou suas botas e foi soltar as ovelhas para dar um longo passeio por aqueles campos. Antes de abrir o portão, o pastor contou as ovelhas até chegar ao número cem. Eram muitas e, apesar de conhecer cada uma delas, ele gostava de contar uma a uma pela manhã.

Finalmente soltou o rebanho. As ovelhas pulavam de felicidade ao verem que mais um dia as esperava. Ao lado do pastor, elas caminharam rumo à montanha mais próxima da fazenda.

Andaram, pastaram, beberam água, correram, descansaram, sempre perto do pastor, que prestava atenção nelas.

No entanto, uma das ovelhas, curiosa, resolveu explorar o que havia um pouco mais adiante. Para ela, seria só um pequeno passeio, uma aventura inocente.

Saiu de fininho, para seu pastor não ouvir. Passou embaixo da cerca de arame farpado, curvando-se o máximo que podia. Mesmo assim, um chumaço de lã ficou preso no arame.

A ovelhinha chegou, então, ao campo do vizinho. Lá, o capim era mais saboroso. Comeu muito, até sua barriga ficar bem pesada. Isso lhe deu muito sono e ela resolveu tirar uma soneca.

Quando estava dormindo, com a barriga para cima, roncando, escutou um cavalo marchando. Era o fazendeiro daquelas terras, que tinha ido ao pasto para ver de perto o que era aquela bola branca no meio do verde. Aproximando-se, notou que era uma ovelha. Mesmo que não criasse ovelhas, resolveu prendê-la, pois ela serviria para o jantar.

A ovelhinha ficou desesperada. Onde estaria seu querido pastor? O que faria para fugir daquela fazenda? Mas de nada adiantou seu desespero, e ela foi levada para uma baia de cavalos e deixada sozinha, presa até chegar o momento do abate.

Enquanto isso, na montanha, o pastor percebeu que uma das ovelhas havia sumido. Sem nem precisar contar, ele sabia que naquele momento somente noventa e nove dela pastavam tranquilas. Onde estaria a que faltava?

Saiu à procura da ovelha perdida. Não deveria estar tão longe. Até que percebeu um chumaço de lã preso na cerca que separava a fazenda vizinha. Pegou-o, levou-o até o nariz e sentiu o cheiro da ovelha perdida. Passou por baixo do arame e andou bastante pelos montes, pois a área era bem grande.

Enquanto isso, a ovelha perdida, presa na baia de um cavalo, forçava com o focinho a porta. Forçou tanto, tantas vezes, que conseguiu empurrar a porta, para finalmente abri-la. A ovelha estaria livre, enfim.

Porém, mesmo livre daquela prisão, ela não sabia o caminho de volta para casa. Andou, andou, sem chegar a lugar algum. E ainda corria o risco de o fazendeiro encontrá-la novamente! A ovelha sentiu muita falta de seu pastor.

Felizmente, o pastor seguia procurando a ovelhinha perdida naquele mesmo monte. De repente, ele avistou um pontinho branco ao longe. Foi se aproximando até conseguir ver a cabeça e as pernas daquele bolo de lã. Escutou o sininho e sentiu o cheiro de sua ovelha. Era ela!

O pastor correu ao encontro e abraçou fortemente a sua querida ovelha perdida. Então, os dois voltaram para casa lado a lado, felizes por terem finalmente se reencontrado.

O que Jesus nos ensina com essa história?

Para Deus, somos como suas ovelhas. Se um dia alguém se distanciar dele, ele irá atrás, assim como o pastor foi atrás da ovelha perdida. Deus se alegra quando caminhamos com ele e, mesmo que precise deixar todas as suas outras ovelhas para nos resgatar, ele assim o fará!

O SEMEADOR

A primavera, a estação mais colorida do ano, finalmente havia chegado, cumprindo a promessa de muito sol e chuvas calmas. Os agricultores esperavam ansiosamente por aquele período, porque com a estação vinha a fartura de alimentos. Também era a época favorita dos jardineiros, pois poderiam espalhar sementes para depois sonhar com as cores e os cheiros das flores. Além das flores, pensavam nas folhas saborosas das hortas. Poderiam saborear uma bela salada de alface, rabanetes e agrião.

Numa das casas encostadas numa colina, morava um jardineiro bem esguio. Ele trabalhava o ano todo cuidando das plantas de toda aquela cidade. E era na primavera que o jardineiro se sentia mais feliz, pois era quando de suas mãos caíam as sementes mais variadas, para habitar a terra de uma vez. Ele adorava seu ofício: remexer a terra para deixá-la tão fofa como uma almofada, esperar a primeira chuva, dando o sinal de partida para a semeadura.

E assim, como sempre, aconteceu. A chuva finalmente chegou, e o jardineiro partiu, cantando, rumo ao seu campo de trabalho. Numa pequena sacola de pano, pendurada em sua cintura, colocou várias sementes de vários tipos de flores e frutas. Queria um jardim de todas as cores, que conferisse maior riqueza à paisagem daquela cidade. Queria plantar um belo pomar, para degustar frutas suculentas e doces.

Enquanto caminhava, uma parte das sementes caiu no chão. O jardineiro viu que ali não havia terra e que as sementes não conseguiriam nascer. Antes que pudesse se abaixar para pegá-las de volta, um bando de pássaros voou em direção às sementes e as devorou em questão de segundos.

Apesar disso, o jardineiro continuou andando animado, cantarolando algumas cantigas. De repente, percebeu que uma parte das sementes caiu sobre um terreno cheio de pedras, com pouca terra em cima. Olhou pensativo e seguiu seu caminho.

Logo após uma descida de morro, o jardineiro deparou-se com um canteiro de roseiras majestosas. As rosas eram vermelhas, bem vivas. Curvou-se para cheirar uma delas e, com esse gesto, deixou cair uma parte das sementes. Viu que ali havia muitos espinhos. Ajeitou a sacola na cintura e seguiu seu caminho.

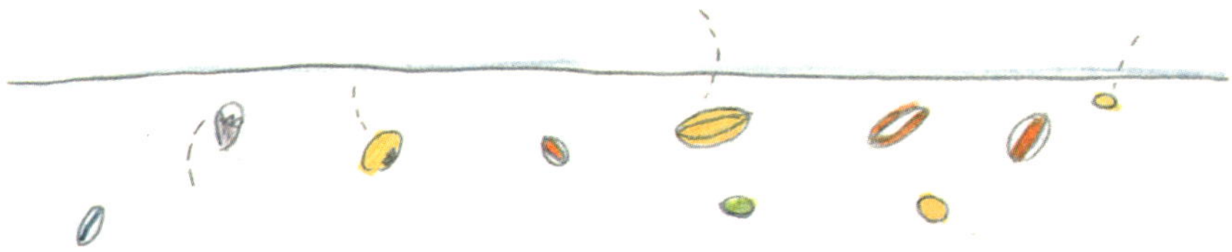

Finalmente, chegou a um terreno com terra boa. A terra era fértil, escura, com minhocas e adubo. Estava bem fofa, do jeito que ele gostava. Ali semeou o que havia restado na sacola.

Após algum tempo, em uma manhã ensolarada, depois de o jardineiro esperar pacientemente, ele resolveu fazer o mesmo caminho que havia feito no despertar da primavera, para poder verificar se suas sementes nasceram.

Caminhava atento à paisagem, para ver os frutos do que havia plantado. Quando chegou ao terreno cheio de pedras, viu que as plantas estavam mortas. Elas chegaram a nascer, mas, como não formaram raízes fortes, por causa do terreno com pouca terra, foram queimadas pelo sol quente das tardes de primavera.

Passando pelo canteiro das roseiras, empurrou delicadamente os pés de rosas vermelhas, com cuidado para não espetar as mãos nos espinhos. E viu que as sementes que havia semeado nasceram, mas logo morreram sufocadas pelos espinhos das roseiras.

Já estava desanimado quando chegou ao terreno de terra fértil. Lá, seus olhos brilharam e um grande sorriso surgiu em seu rosto, ao ver que tudo o que tinha semeado tinha crescido.

Passeou entre as flores que emprestavam ao chão um tapete belo e perfumado. Entre as flores, as arvorezinhas de frutas despontavam, ainda tímidas, mas com força.

O jardineiro voltou para casa, sentou-se em sua cadeira preferida, que mantinha na varanda com vista para o pôr do sol, e ficou com aquela imagem cheia de cores em sua mente. Segurando sua xícara de chá, sorriu, sonhando com os frutos que colheria nos anos seguintes.

Dois anos depois, num dia de verão, o jardineiro voltou àquele terreno. Mal virou a curva do caminho, avistou as árvores carregadas de frutas, de vários tipos. Uma paisagem cheia de cores e aromas. Passou as mãos na vegetação, para sentir o frescor de

sua colheita. Sentou-se ao lado de uma pequena árvore, recostando-se em seu ainda fino tronco, e saboreou vagarosamente a mais açucarada das frutas que já tinha experimentado.

O sol já se escondia alaranjado atrás do morro quando o jardineiro fechou os olhos num gesto de paz e sorriu feliz. Feliz com sua mais bela e doce colheita.

O que Jesus nos ensina com essa história?

O solo pelo caminho onde as sementes caíam é como nosso coração quando não queremos ouvir o que Deus tem para nos ensinar. As sementinhas que ele lança logo são levadas para longe; os pássaros são como pessoas que passam pela nossa vida e nos fazem esquecer o plano de Deus para nós.

O solo cheio de pedras onde caíram as sementes seguintes somos nós quando ouvimos esses ensinamentos, mas, apesar de alegres, animados a amar a todos, não estamos preparados para continuar nossa caminhada com Deus e deixamos de lado o que aprendemos. Isso acontece, por exemplo, quando outros amigos zombam de nosso modo de ser e não estamos prontos para enfrentar tais desafios.

O solo espinhoso onde caíram as outras sementes é como quando nosso coração quer se tornar melhor, e escutamos os ensinamentos, mas ainda estamos preocupados demais com o que temos e nos esquecemos do principal, amar a Deus sobre todas as coisas.

Já o solo fértil em que as últimas sementes caíram somos nós quando ouvimos e compreendemos os ensinamentos e damos frutos, ou seja, fazemos o bem, amamos a todos, ajudamos quem precisa e ainda passamos para frente tudo de bom que aprendemos.

As sementes são os muitos ensinamentos de Deus para nós e o solo onde a semente cai é o nosso coração. Deus espera que tenhamos sempre um coração disposto a ouvi-lo e ele sempre terá muitas sementes para nos dar!

O BOM SAMARITANO

O dia amanheceu claro e azulado na cidade de Jerusalém. Podia-se escutar o canto dos pássaros a festejar mais um nascer do sol. A cidade estava movimentada e todos trabalhavam como de costume.

Os cavalos atravessavam a rua rumo à praça central, onde o grande mercado vendia de panela a repolho, de chapéu a molho. O aroma do mercado espalhava-se pelo ar, percorrendo o nariz de homens de várias nacionalidades, cores, profissões e religiões.

Nas bancas de mercadorias, tecidos coloridos preenchiam a paisagem. Difícil era saber se tinham cores mais vivas do que as das frutas expostas nos caixotes de madeira. Especiarias exalavam cheiros exóticos que provocavam vontade de cozinhar em quem quer que passasse por ali.

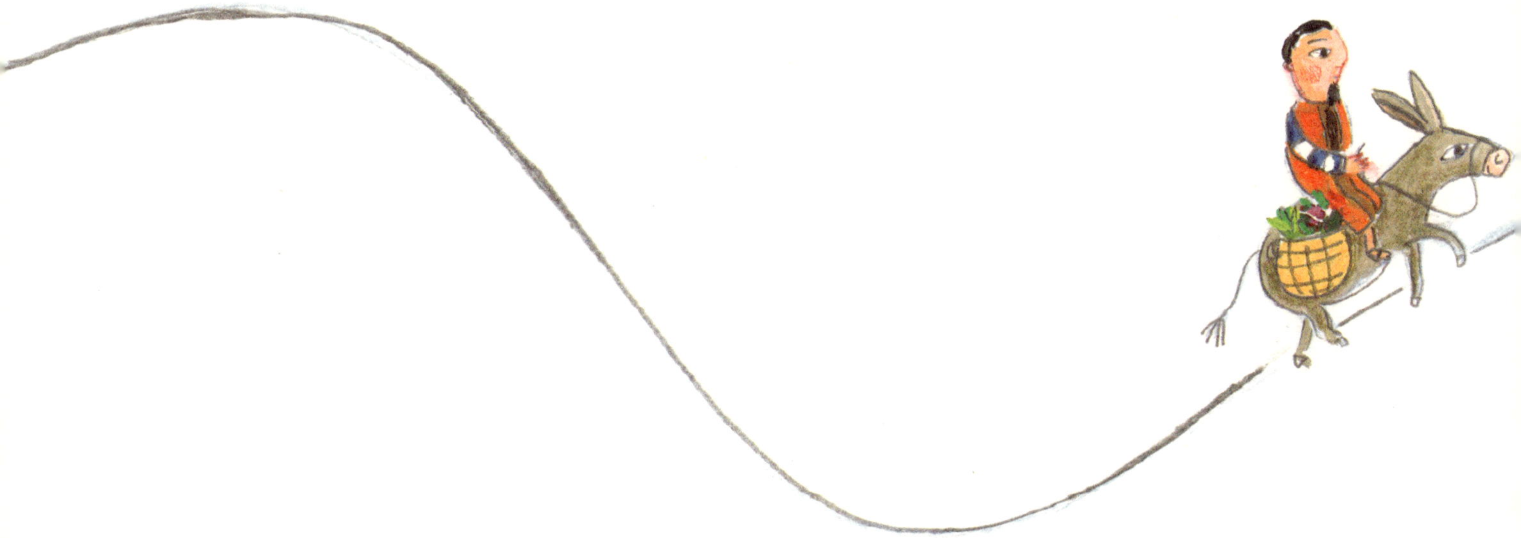

— Olha o milho, a lentilha, a cebola, a farinha! — gritava bem alto um mercador. Ele trabalhava numa banca de comida; buscava os alimentos numa cidade chamada Jericó e revendia-os. Viajava todas as segundas-feiras para repor seu estoque de temperos, queijos, damasco e outras iguarias.

O mercador tinha um bom burro, que o acompanhava nas viagens. Nele pendurava dois cestos de palha para transportar a mercadoria. O peso era grande, mas havia várias paradas para descanso durante o trajeto.

Numa segunda-feira de verão, o sol estava tão quente que, logo que nasceu, fez escorrer suor no rosto das pessoas da cidade. Era dia de o mercador viajar a Jericó. Para isso, pegou o dinheiro de dentro de seu pequeno baú e colocou-o num saquinho amarrado na cintura. Deu água fresca ao animalzinho, um pouco de capim e colocou duas cestas de palha vazias no lombo dele. Também pendurou uma pequena bolsa com um pouco de pão e suco de uva para matar a fome e a sede, pois a viagem seria longa.

O mercador subiu no burro e começou seu trajeto. A velocidade era a máxima que o animal conseguia atingir, pois o homem não queria ser alcançado pela noite. O medo lhe afligia a alma. Medo de bichos, da noite, mas principalmente de ladrões.

A viagem prosseguia sem muitas novidades, pois conhecia bem o caminho. Andava, parava para o burro descansar, andava, parava para beber um pouco do suco, andava, parava para ajeitar os cestos. Até que, numa dessas curtas paradas, sentiu um golpe nas costas. Eram dois ladrões cruéis!

— Socorro! — gritava o mercador. Mas ninguém ali podia ouvi-lo, o burro zurrava sem parar e tentava, em vão, atingir um dos ladrões com coices, mas de nada adiantava, pois os ladrões bateram no pobre mercador sem piedade até que ele ficasse completamente ferido e sem forças para levantar. Pegaram então o saquinho com o dinheiro e fugiram dali bem depressa.

O mercador ficou caído no chão, desacordado, e seu burro acabou fugindo, assustado com o acontecido.

Algumas horas depois uma pessoa passava por aquela mesma estrada e viu o mercador deitado no chão, muito ferido e com a roupa rasgada. Era um sacerdote, um homem responsável por passar os ensinamentos de Deus e realizar alguns serviços no templo.

Vendo a cena triste e desconfortável, o sacerdote ficou com pena, mas estava com pressa de chegar a Jericó e resolveu não parar. “Meu tempo é muito precioso”, pensou o sacerdote, ao seguir viagem sem ao menos verificar se aquele homem ferido ainda estava vivo.

Pouco depois passou por aquela estrada outro homem. Era um levita, um homem religioso que prestava auxílio nos cultos, e logo viu o mercador desacordado e machucado. Mas ele também não prestou socorro e resolveu seguir viagem. “A noite já ameaça cair, escura e quem sabe sombria”, pensou o levita, ao ver aquele homem caído no chão.

Eis que a noite chegou. E com ela o frio e o escuro, diminuindo ainda mais as chances de o mercador ser socorrido por alguém. No entanto, passou um homem num cavalo negro, galopando rumo a Jericó. Era um samaritano. Naquela época, ninguém gostava do povo de Samaria, pois suas crenças e costumes eram diferentes, o que fazia eles serem muito malvistos. Na verdade, esse povo era desprezado e algumas vezes até perseguido.

O samaritano viu algo estranho na estrada e resolveu diminuir a velocidade do cavalo. Conseguiu enxergar o mercador ferido no chão. Aproximou-se dele e viu que estava vivo, mas precisava de muitos cuidados.

O homem limpou cada ferida com vinho, passou óleo sobre elas e, tamanha era sua bondade, que tirou a própria veste e rasgou-a, fazendo várias tiras de tecido com ela. Com elas, enfaixou os ferimentos do mercador. Em seguida pegou o homem no colo e juntos seguiram viagem, a lentos trotes, até uma hospedaria, onde passaram a noite.

Na hospedaria, o samaritano colocou o mercador sobre um tapete bem confortável e sob a luz de uma lamparina, para limpar melhor seus ferimentos. O mercador abriu os olhos e não entendeu o que estava acontecendo. O samaritano explicou ao homem o ocorrido e emprestou uma de suas roupas ao mercador, deu-lhe na boca uma sopa bem quente e um copo com água. O mercador, ainda fraco e dolorido, abriu um sorriso, numa demonstração de agradecimento e consideração.

Na manhã seguinte, o samaritano acordou com o canto do galo. Era bem cedo e precisava seguir viagem em seu cavalo negro. Levantou-se, tomou um chá bem quente e foi falar com o dono da hospedaria:

— Aqui está o pagamento da minha hospedagem e do mercador. Por favor, cuide dele com tudo que for necessário e, se gastar alguma coisa a mais, fique tranquilo, pois pagarei quando voltar.

O hospedeiro abriu a mão, recebeu o dinheiro do samaritano e abriu um sorriso, provavelmente de admiração e respeito por aquele homem tão bondoso.

O mercador ficou curado e pôde seguir viagem rumo a Jericó, feliz por ter sido cuidado num momento tão difícil por um homem tão especial.

O QUE JESUS NOS ENSINA COM ESSA HISTÓRIA?

É através dessa parábola que Jesus mostra a importância de não julgarmos pela aparência e praticarmos a compaixão e a bondade amando os outros como a nós mesmos.

O CREDOR SEM COMPAIXÃO

Em um pequeno vilarejo formado ao longo de um riacho de águas cristalinas, morava um rei justo e leal.

Certo dia, o rei acordou pela manhã bem-disposto e animado para acertar as contas com seus empregados. Tomou um bom café da manhã, pois aquele dia prometia ser bem movimentado.

Sentou-se em seu trono de madeira e pediu a um de seus servos que buscasse seu grande livro de capa de couro. Ali ele anotava, todas as noites, tudo o que gastava e o que ganhava, para manter as finanças do palácio bem organizadas. Abriu o livro e começou pelos empréstimos que havia feito aos moradores do vilarejo no ano anterior. Com seu dedo comprido, foi passeando pelas páginas do precioso livro até que alcançou a página dos devedores. Havia chegado o dia de o rei receber de volta o dinheiro que tinha emprestado aos trabalhadores.

Mandou chamar então Eliá, cuja dívida era a maior de todas da lista. Ele lhe devia dez mil moedas de prata.

Eliá entrou na sala com a cabeça baixa e preocupado. Não tinha como pagar o que devia, então logo percebeu que sua situação não era boa.

Enquanto caminhava pelo tapete vermelho que terminava no trono do rei, foi tentando encontrar uma saída. Tomando por completo desespero, antes mesmo de o rei abrir a boca para cobrá-lo, disse com voz de choro:

— Majestade, bem sei que lhe devo, mas não tenho como pagar agora. Estou pobre como nunca e mal tenho dinheiro para o sustento de minha família. Tenha pena de mim, posso adiantar que minha vergonha e tristeza são do tamanho deste palácio.

Como o palácio era enorme, o rei considerou que aquele homem estava realmente sofrendo. Por ser generoso, disse em tom de calma e compaixão:

— Vá em paz, Eliá. Sua dívida está perdoada.

Eliá ajoelhou-se, beijou os pés do rei e saiu correndo, pulando de alegria pelo perdão que lhe foi concedido.

No mesmo dia, enquanto Eliá admirava um belo manto pendurado numa banca do mercado, viu seu empregado, Lino, passar apressado com uma ovelha embaixo do braço. Rapidamente, segurou bem forte no braço do empregado, fazendo com que a ovelha caísse no chão e saísse correndo, perdendo-se no meio da multidão.

Lino iria vender a ovelha naquele dia. Aflito, virou o rosto para ver quem o fizera perder a ovelha, e ao se virar viu seu patrão. Ele devia cem moedas de prata a Eliá já havia um ano. Esforçava-se para juntar as moedas, mas estava difícil, pois tinha família para sustentar e não ganhava muito.

Eliá soltou o braço de Lino, mas desta vez para apertar-lhe o pescoço, mostrando raiva e desprezo:

— Pague agora mesmo o que me deve!

Desesperado, Lino abaixou-se até os pés de Eliá e suplicou:

— Seja generoso comigo, pois vou pagar tudo o que devo! Não tenho as moedas agora, mas estou trabalhando de sol a sol para juntá-las.

Eliá, friamente, olhou para baixo, mas com a cara fechada e irritada foi logo gritando:

— Policiais, prendam este homem. Ele me deve cem moedas de prata e não quer me pagar. Andem!

Os policiais seguraram nos braços de Lino e o levaram para a prisão.

Algumas pessoas que se encontravam no mercado assistiram à triste cena. Como conheciam Lino havia muito tempo, sabiam que era honesto e, portanto, pagaria as moedas a Eliá. Resolveram então ir contar ao rei o acontecido.

No palácio, o rei ouviu com atenção todas as palavras dos amigos de Lino. Naquela mesma hora, mandou chamar Eliá novamente ao seu palácio. Estava muito triste com o que tinha acabado de ouvir.

Eliá, sem entender o porquê de ter sido chamado novamente, foi conversar com o rei todo contente, achando que havia conquistado a confiança do monarca o suficiente para ser convidado a tomar um chá. No entanto, quando entrou no salão onde o rei estava, percebeu que talvez não tivesse sido esse o motivo.

O rei, em tom áspero, falou a Eliá:

— Homem mau! Eu perdoei a sua dívida na mesma hora que me pediu. Não acha que deveria ter a mesma compaixão que eu tive de você e perdoar a dívida do seu empregado?

Assim, com ira, o rei chamou seus serviçais e disse bem alto:

— Levem-no daqui e castiguem-no até que pague cada moeda que me deve!

O QUE JESUS NOS ENSINA COM ESSA HISTÓRIA?

Não há limites para o perdão, e ser semelhante a Cristo requer de nós a capacidade de perdoar, assim como nós fomos perdoados e redimidos.

O FILHO PRÓDIGO

Certo fazendeiro tinha dois filhos. Ambos trabalhavam em sua bela fazenda, ajudando-o a tomar conta de muitos animais e dos muitos empregados que havia naquele lugar. Acordavam bem cedo todos os dias, para que todas as tarefas estivessem sempre feitas: a ordenha das vacas, a doma dos cavalos, a tosquia das ovelhas, o plantio do trigo. Tudo era feito com muito cuidado, pois o fazendeiro era exigente. Mas também era muito amoroso com sua família e seus funcionários.

Um dos filhos desse fazendeiro nunca estava satisfeito. Achava que aquele lugar tinha pouco a oferecer, que em terras longínquas poderia haver muito mais diversão. Reclamava todos os dias, até que chamou seu pai para uma conversa e disse:

— Pai, por favor, divida agora a sua grande fazenda entre mim e meu irmão. Preciso vender a minha parte e, com o dinheiro, realizar o sonho de partir deste lugar.

O pai, mesmo não concordando, assim o fez. O rapaz, então, cumpriu o que prometera: vendeu sua parte e com o dinheiro viajou por muitos lugares em busca de diversão. O outro filho continuou na fazenda, trabalhando com o pai, todos os dias.

Em sua viagem, o filho fez de tudo: bebeu muito, comeu muito, gastou muito. Vivia em festas e gastava seu dinheiro com jogos de azar. Achava que sua fortuna nunca acabaria. No entanto, um dia acabou. Com o restinho de dinheiro que tinha, passou a fazer uma refeição por dia. Ou almoçava, ou jantava, e dormia com a barriga roncando.

Não tinha mais dinheiro para pagar uma hospedaria. Então, a única solução seria procurar um emprego naquele lugar.

Pediu ajuda a um comerciante que lhe ofereceu o trabalho de cuidar dos porcos de sua fazenda.

O rapaz, mesmo não gostando de porcos, aceitou o emprego, pois sentia fome e não tinha onde dormir. Começou então a trabalhar na tal fazenda do comerciante. Assim teria onde passar as noites, o que comer e até um pequeno salário, para poder gastar com o que quisesse, pensava. Acordava bem cedo, limpava as baias onde os porcos dormiam. Cuidava dos leitões, banhava os porcos nos dias muito quentes, limpava os cochos, enfim, fazia tudo o que era preciso.

Até que chegou o dia do pagamento e nada recebeu. O comerciante explicou-lhe que não tinha dinheiro para lhe pagar. O rapaz ficou desapontado, mas, como não tinha onde dormir, nem o que comer, então resolveu trabalhar de graça mesmo.

O tempo passou e o dono daquela fazenda ficou mais pobre ainda. Até o almoço e o jantar ali começaram a ficar cada vez mais escassos. O rapaz trabalhava o dia todo e, no final, com fome, recebia um prato com uma sopa bem rala. Havia momentos em que olhava para o cocho e sentia vontade de comer a ração dos porcos, tamanha sua fome.

Até que um dia caiu em si e começou a se lembrar dos empregados de seu pai: recebiam um bom salário, comiam do bom e do melhor e moravam em boas casas. Pensou: "Quantos empregados do meu pai têm abundância de comida e eu aqui, passando fome!".

Arrependeu-se de tudo o que tinha feito. Como podia ter gastado tudo o que seu pai havia dado? Só pensava em correr daquele lugar para poder pedir perdão ao pai. Dormiu aquela noite sonhando com sua família.

No dia seguinte, levantou-se da cama, juntou sua pequena trouxa com algumas velhas peças de roupa e foi o mais rápido que pôde para casa. Viajou horas e horas, pensando em tudo o que tinha feito c como seu pai o receberia. “Não o culparia se nem mesmo me aceitasse de volta”, pensou.

Chegando finalmente à fazenda do pai, abriu a porteira e foi caminhando rumo ao casarão.

Seu pai estava na varanda, olhando para as terras, quando avistou o filho bem ao longe, com uma pequena trouxa nas costas e caminhando com os ombros caídos e a cabeça baixa!

O pai levantou-se depressa e saiu correndo ao encontro do filho. Abraçou-o bem forte, beijou-o várias vezes e, segurando-lhe no rosto, olhou-o dentro dos olhos, com todo o amor que um pai pode ter por um filho.

O filho, envergonhado, disse-lhe em lágrimas:

— Pai querido, errei tanto em minha vida. Sei que tudo que fiz não agradou nem a você nem a Deus. Nem sei se posso ainda o chamar de pai.

Mas o pai nada disse a seu filho. Apenas gritou bem alto:

— Amigos, tragam depressa a melhor roupa e vistam meu filho. Tragam o anel mais lindo daqui e o coloquem em seu dedo. Também tragam os sapatos com o melhor couro e calcem seus pés.

O filho, não acreditando no que ouvia, abriu um sorriso e ajoelhou-se diante de seu pai, para mostrar que estava muito contente e agradecido.

O pai, ainda não satisfeito, continuou:

— Tragam o bezerro mais gordo da fazenda, para comermos esta tarde, na festa de retorno de meu amado filho. Porque este meu filho estava morto e reviveu. Tinha se perdido e foi achado.

Dizendo isso, o pai pulava de tanta alegria que sentia. Chamou os músicos para tocarem na festa. Chamou os vizinhos para comemorarem com ele.

Aconteceu que o outro filho, o que ficou trabalhando na fazenda, quando chegou perto de casa, ouviu a música alegre que estava tocando e viu as pessoas dançando com seu pai e seu irmão. Chamou um dos funcionários e perguntou o que era tudo aquilo. O homem respondeu:

— Seu irmão voltou são e salvo, e seu pai matou o melhor bezerro para festejar.

O filho indignou-se. Ficou revoltado e nem quis entrar. Virava as costas para ir embora, quando seu pai lhe segurou o braço. Ele então olhou o pai com raiva e disse:

— Eu o sirvo há tantos anos, sem nunca lhe desobedecer, e o senhor nunca me deu um cabrito para eu festejar com meus amigos. No entanto, para esse seu outro filho, que desperdiçou seus bens com coisas inúteis, o senhor mandou matar o melhor bezerro.

O pai, com compaixão, respondeu-lhe:

— Filho querido, você sempre está comigo e tudo que é meu é seu também. Mas era justo ficarmos felizes, porque este seu irmão estava morto e reviveu. Tinha se perdido, mas foi encontrado e voltou para nós.

O QUE JESUS NOS ENSINA COM ESSA HISTÓRIA?

Deus perdoa a todos, a todo momento. Basta o arrependimento sincero, de todo coração, que Deus aceita todos os seus filhos de volta. E, como um pai amoroso, ele sempre nos receberá de braços abertos, disposto a nos apresentar o mais puro perdão e amor!

COPIDESQUE Daniela Vilarinho
REVISÃO Leonardo Dantas e Beatriz Lopes
DESIGN DE CAPA Gabê Almeida
DIAGRAMAÇÃO Sonia Peticov

Dados Internacionais de Catalogação na Publicação (CIP)
(Câmara Brasileira do Livro, SP, Brasil)

P572p Pestili, Ellen
O príncipe contador de histórias / Ellen Pestili. – 1. ed. – Rio de Janeiro: Thomas Nelson Brasil, 2024.
48 p.; il.; 22 × 28 cm.

ISBN 978-65-5217-099-6

1. Colagem. 2. Cristãos – Literatura infantojuvenil. 3. Parábolas – Literatura infantojuvenil. I. Título.

07-2024/108 CDD-xxx

Índice para catálogo sistemático:

1. Literatura infantil 028.5
2. Literatura infantojuvenil 028.5

Bibliotecária responsável: Aline Graziele Benitez – CRB-1/3129

Rua da Quitanda, 86, sala 601A - Centro,
Rio de Janeiro/RJ - CEP 20091-005
Tel.: (21) 3175-1030
www.thomasnelson.com.br

Este livro foi impresso pela Braspor, em 2024, para a Thomas Nelson Brasil. A fonte do miolo é Noto Serif.
O papel do miolo é pólen bold 90g/m2.